# Knusprig aus der Pfanne

Was haben Kartoffelpuffer, Reibekuchen, Reiberdatschi, Dätscher und grüne Glitscher gemeinsam? – Die roh geriebene Kartoffel! Und was brauchen die Puffer zu ihrer vollendeten Entfaltung? – Zum Braten ein geschmacksneutrales Fett und zum Essen eine süße oder salzige Begleitung.
Natürlich lassen sich auch gekochte Kartoffeln ganz leicht als Puffer beziehungsweise Rösti zubereiten. Aber was immer Sie aus diesem Buch auch auswählen: Braten Sie genug davon!



Übrigens: kJ und kcal unter jedem Rezept bedeuten Kilojoule und Kilokalorien. Die Umgangssprache sagt dazu Joule und Kalorien.

# Kartoffelpuffer

*Die klassischen Puffer schmecken mit Süßem, mit Salzigem oder als Beilage zu Fleischgerichten mit gebundenen Saucen.*

| |
|---|
| Zutaten für 4 Personen: |
| 1 ½ kg große mehligkochende |
| Kartoffeln · 2 mittelgroße Zwiebeln · |
| 2 kleine Eier · 2 Eßl. Mehl · |
| 1 Teel. Salz · weißer Pfeffer, |
| frisch gemahlen |
| Zum Braten: geschmacksneutrales |
| und hocherhitzbares Fett oder Öl |
| (Sonnenblumenöl, Butterschmalz) |

- Zubereitungszeit: etwa 1 Stunde

## 1

Die Kartoffeln schälen und waschen. Auf einer feinen Reibe (oder mit der Küchenmaschine) in eine Schüssel reiben (Seite 18/19). Die Zwiebeln schälen und zu den Kartoffeln reiben.

## 2

Die Eier, das Mehl, das Salz und etwas Pfeffer in die Kartoffelmasse geben. Alles sehr gut vermischen.

## 3

In einer großen (möglichst beschichteten) Pfanne 3 Eßlöffel Öl oder Schmalz erhitzen. Je Puffer etwa 1 ½ Eßlöffel Reibemasse hineingeben und flachstreichen (Seite 18/19). Die Puffer bei mittlerer bis starker Hitze braten.

## 4

Wenn der Teig nach etwa 4 Minuten an den Rändern goldbraun wird, die Puffer wenden und weitere 4–5 Minuten braten. Fertige Puffer warm halten (Seite 18/19). Den Teig nach und nach verarbeiten, dabei immer wieder etwas Fett in die Pfanne geben. Am besten schmecken die Puffer heiß und frisch aus der Pfanne. Sie sind köstlich »ohne alles«, doch auch mit Zucker bestreut, mit Apfelmus oder anderem Kompott, mit Rübenkraut, mit Sauerkraut, Salat oder als Beilage sind sie eine Delikatesse!

Pro Person etwa: 1060 kJ/250 kcal
4 g Eiweiß · 23 g Fett · 8 g Kohlenhydrate

# Kartoffelpuffer

# Kartoffelpuffer mit Kaviar und Crème fraîche

*Eine feine Vorspeise, die wenig Mühe, aber bestimmt viel Eindruck macht.*

| Zutaten für 2 Personen: |
|---|
| 400 g vorwiegend festkochende Kartoffeln · 1 kleine Zwiebel · 1 Ei · ¼ Teel. Salz · weißer Pfeffer, frisch gemahlen · 2 Eßl. kalte Crème fraîche · 1 Teel. Zitronensaft · 50 g Keta-Kaviar · 2 Stengel Petersilie oder Kerbel zum Dekorieren |
| Zum Braten: 2 Eßl. Butterschmalz |

- Zubereitungszeit: etwa 35 Minuten

**1**

Die Kartoffeln schälen, waschen und in eine Schüssel reiben (Seite 18/19). Die Zwiebel schälen und dazureiben.

**2**

Die Kartoffelmasse in ein feines Sieb geben und die Flüssigkeit in eine Schüssel laufen lassen. Mit einem Löffelrücken mehrmals nachdrücken. Die Flüssigkeit etwas stehenlassen, dann abgießen. Die Stärke, die sich am Boden absetzt, zu den Kartoffeln geben (Seite 18/19).

**3**

In die Kartoffelmasse das Ei, das Salz sowie etwas Pfeffer geben und alles gut durchrühren.

**4**

In einer großen Pfanne 1 Eßlöffel Butterschmalz erhitzen. Für jeden Puffer 1 Eßlöffel Teig hineinsetzen, flachdrücken und rund formen. Sie sollten etwa 7 cm Durchmesser haben (Seite 18/19). Die Puffer von jeder Seite bei mittlerer bis starker Hitze in etwa 4 Minuten goldbraun braten.

**5**

Die Crème fraîche mit dem Zitronensaft und 1 Prise Pfeffer würzen. Legen Sie pro Person 3 Puffer auf einen vorgewärmten Teller. Mit je 1 Eßlöffel Crème fraîche und Kaviar anrichten und servieren. Mit den Petersilienblättchen oder dem Kerbel garnieren.

Pro Person etwa: 1330 kJ/325 kcal
11 g Eiweiß · 39 g Fett · 6 g Kohlenhydrate

# Kartoffelpuffer mit Kaviar und Crème fraîche

# Zucchinipuffer mit Joghurtsauce

*Als leichtes Hauptgericht mit einer erfrischenden Kräutersauce.*

Zutaten für 4 Personen:
Für die Joghurtsauce: 200 g Joghurt · 1 unbehandelte Zitrone · ¼ Teel. Senf · 1 Prise Zucker · Salz · weißer Pfeffer, frisch gemahlen · 1 Knoblauchzehe · 1 Bund gemischte Kräuter (wie Petersilie, Basilikum, Schnittlauch, Zitronenmelisse, Kresse)
Für die Puffer: 400 g Zucchini · 300 g vorwiegend festkochende Kartoffeln · 300 g mehligkochende Kartoffeln · 2 Eier · 1 Eßl. Mehl · Salz · weißer Pfeffer, frisch gemahlen · Muskatnuß, frisch gerieben
Zum Braten: Butterschmalz

- Zubereitungszeit: etwa 1 Stunde

**1**

Für die Sauce den Joghurt in einer Schüssel schaumig rühren. Die Zitrone waschen, etwa 1 Teelöffel Schale abreiben und für den Pufferteig aufheben. 2 Eßlöffel Saft auspressen und mit dem Senf, dem Zucker und je 1 Prise Salz und Pfeffer verrühren. Den Knoblauch schälen und dazupressen. Die Kräuter waschen, trockenschütteln und kleinschneiden. Alles mit dem Joghurt vermischen und die Sauce kühl stellen.

**2**

Für die Puffer die Zucchini waschen, von den Stielansätzen und Blüten befreien. Auf der groben Seite der Rohkostreibe raspeln. Die Kartoffeln schälen, waschen und auf der feinen Seite der Reibe zu den Zucchini raspeln (Seite 18/19).

**3**

Die Eier und das Mehl unter die Zucchini-Kartoffelmasse rühren. Mit Salz, Pfeffer, 1 Prise Muskat und der Zitronenschale würzen.

**4**

In einer großen Pfanne 2 Eßlöffel Butterschmalz heiß werden lassen. Je Puffer 1 Eßlöffel Teig hineingeben, mit dem Löffelrücken glattstreichen und rund formen (Seite 18/19). Bei mittlerer Hitze von jeder Seite 4–5 Minuten braten (Seite 18/19). Die Puffer sollten zügig, am besten in zwei Pfannen, gebraten werden, da Zucchini schnell Wasser ziehen. Mit der Joghurtsauce servieren.

Pro Person etwa: 825 kJ/200 kcal
6 g Eiweiß · 17 g Fett · 5 g Kohlenhydrate

# Zucchinipuffer mit Joghurtsauce

# Maispüfferchen

*Mit exotischer Note und schnell für den kleinen Hunger zubereitet.*

Zutaten für 2 Personen:
400 g große mehligkochende Kartoffeln · 2 kleine Frühlingszwiebeln · 1 Ei · 1 Teel. Speisestärke · Salz · weißer Pfeffer, frisch gemahlen · 1 Prise Ingwerpulver · 1 kleine Dose Gemüsemais (150 g) · 100 g gegarte Krabben (frisch oder tiefgefroren und aufgetaut) · ½ Bund frischer Koriander (ersatzweise glatte Petersilie)
Zum Braten: 4 Eßl. Butter und 4 Eßl. Öl

- Zubereitungszeit: etwa 45 Minuten

**1**

Die Kartoffeln schälen, waschen und in eine Schüssel reiben (Seite 18/19). Die Frühlingszwiebeln putzen, waschen und in feine Ringe schneiden. Zusammen mit dem Ei und der Speisestärke unter die Kartoffelmasse rühren. Alles kräftig mit Salz, Pfeffer und dem Ingwerpulver würzen.

**2**

Den Mais in einem Sieb abtropfen lassen. Den Mais und die Krabben (ohne Sud) unter den Kartoffelteig mischen. Den Koriander oder die Petersilie waschen, trockenschütteln und ohne die Stiele fein schneiden. Unter den Teig rühren.

**3**

In einer möglichst beschichteten Pfanne 1 Eßlöffel Butter und 1 Eßlöffel Öl erhitzen. Pro Puffer 1 Eßlöffel Kartoffelmasse in die Pfanne geben, glattstreichen und bei mittlerer bis starker Hitze braten. Nach 3–4 Minuten vorsichtig wenden und fertig ausbacken (Seite 18/19).

**4**

Nacheinander den Teig verarbeiten. Alle fertigen Puffer sofort zugedeckt warm stellen (Seite 18/19). Dazu schmeckt ein frischer Salat.

Pro Person etwa: 1245 kJ/300 kcal
16 g Eiweiß · 130 g Fett · 20 g Kohlenhydrate

# Maispüfferchen

# Käsepuffer mit Paprika

*Pikant und bunt. Sehr gut schmeckt ein gemischter Salat dazu.*

Zutaten für 4 Personen:
Je ½ rote, grüne, gelbe Paprikaschote · 1 Zwiebel · 2 Knoblauchzehen · 150 g Bergkäse (Gruyère, Tiroler Alpkäse) · 60 g durchwachsener Räucherspeck · 1 kg mehligkochende Kartoffeln · 4 Eßl. Sahne · 1 Ei · 1 Eigelb · 1 Eßl. Mehl · 1 Prise Salz · weißer Pfeffer, frisch gemahlen
Zum Braten: Pflanzenöl (Sonnenblumenöl)

- Zubereitungszeit: etwa 40 Minuten

**1**

Die Paprikaschoten von den Stengelansätzen und Kerngehäusen befreien und abspülen. Erst längs in Streifen, dann quer in kleine Würfel schneiden. (Die anderen Hälften können Sie zum Beispiel für einen Salat verwenden.)

**2**

Die Zwiebel und den Knoblauch schälen. Den Käse, den Speck und die Zwiebel in sehr kleine Würfel schneiden. Den Knoblauch fein hacken. Die Kartoffeln schälen, waschen und in eine Schüssel reiben (Seite 18/19).

**3**

Die Kartoffelmasse mit der Sahne, dem Ei, dem Eigelb und dem Mehl verrühren. Nun die Paprika- und die Zwiebelwürfel, den Knoblauch, den Käse und die Speckwürfel unter den Teig mischen. Mit dem Salz und etwas Pfeffer würzen.

**4**

In einer großen, möglichst beschichteten Pfanne 4 Eßlöffel Öl erhitzen und je Puffer 2 Eßlöffel Teig hineinsetzen. Mit dem Löffelrücken glattstreichen und von jeder Seite bei mittlerer bis starker Hitze etwa 5 Minuten hellbraun braten (Seite 18/19). Die Puffer dürfen nicht zu dunkel werden, damit die bunten Paprikawürfelchen noch gut sichtbar sind. Fertige Puffer warm halten (Seite 18/19) und den übrigen Teig ebenfalls zu Puffern verarbeiten.

Pro Person etwa: 2820 kJ/695 kcal
20 g Eiweiß · 47 g Fett · 41 g Kohlenhydrate

# Käsepuffer mit Paprika

# Zwiebelpuffer mit Lachs

*Ein köstliches Zwischengericht oder ein kleines Hauptgericht.*

| Zutaten für 4 Personen: |
| --- |
| 1 große Zwiebel (etwa 100 g) · |
| 800 g vorwiegend festkochende |
| Kartoffeln · 1 Ei · 1 Eßl. Mehl · |
| ½ Teel. Salz · weißer Pfeffer, |
| frisch gemahlen · 150 g kalte saure |
| Sahne · 8–12 dünne Scheiben Räucher- |
| oder Gravedlachs · ½ Bund Dill |
| Zum Braten: neutrales Pflanzenöl |

- Zubereitungszeit: etwa 50 Minuten

**1**

Die Zwiebel schälen, halbieren und quer in dünne Scheiben schneiden. Die Kartoffeln schälen, waschen und fein in eine Schüssel reiben (Seite 18/19).

**2**

Zur Reibemasse das Ei, das Mehl, das Salz und etwas Peffer geben. Alles gut verrühren. Nun die Zwiebelscheiben unter den Teig mischen.

**3**

Den Backofen auf 150° vorheizen. In einer großen, möglichst beschichteten Pfanne 3 Eßlöffel Öl erhitzen. Je Puffer 1 gehäuften Eßlöffel Teig hineingeben. Zu einem runden, dünnen Fladen glattstreichen (Seite 18/19). Bei mittlerer bis starker Hitze jede Seite in etwa 5 Minuten knusprig braun braten.

**4**

Die fertigen Puffer auf Küchenpapier abtropfen lassen und im Backofen (Gas Stufe 1–2) warm stellen. Nach und nach den Teig verarbeiten (Seite 18/19).

**5**

Servieren Sie zu jeder Portion Zwiebelpuffer (das sind 3 Stück) 1 Klecks saure Sahne und 2–3 Scheiben Lachs. Mit Dillspitzen garnieren.

Pro Person etwa: 850 kJ/265 kcal
11 g Eiweiß · 21 g Fett · 7 g Kohlenhydrate

# Zwiebelpuffer mit Lachs

# Gefüllte Puffer mit Schnittlauchquark

*Für eine süße Variante den Puffer mit Früchtequark füllen.*

| Zutaten für 3–4 Personen: |
|---|
| 400 g Sahnequark · je 1 reichliche Prise Kümmelpulver, Cayennepfeffer, Paprikapulver (edelsüß), schwarzer Pfeffer, frisch gemahlen · Salz · 1 kleine Zwiebel · 1 Knoblauchzehe · 2 Bund Schnittlauch · 1 kg mehligkochende Kartoffeln · 1 Ei |
| Zum Braten: Butterschmalz |

- Zubereitungszeit: etwa 40 Minuten

**1**

Den Quark mit dem Kümmel, dem Cayennepfeffer, dem Paprikapulver, dem Pfeffer und 1 Prise Salz pikant abschmecken. Die Zwiebel schälen und in kleine Würfel schneiden. Den Knoblauch schälen und fein hacken. Den Schnittlauch abspülen, trockenschütteln und in Röllchen schneiden. Alles unter den Quark rühren und zur Seite stellen.

**2**

Die Kartoffeln schälen, waschen und fein reiben (Seite 18/19). Die Kartoffelmasse in ein feines Sieb schütten und dabei die Flüssigkeit in einer Schüssel auffangen. Die Schüssel kurze Zeit stehenlassen, bis sich die Kartoffelstärke am Boden abgesetzt hat. Dann das Wasser vorsichtig abgießen und die Stärke zu den geriebenen Kartoffeln zurückgeben (Seite 18/19).

**3**

Den Backofen auf 150° vorheizen. Den Kartoffelteig mit dem Ei und ½ Teelöffel Salz verrühren. In einer Pfanne 1 Eßlöffel Butterschmalz erhitzen. 3–4 Eßlöffel Kartoffelteig hineingeben und flachstreichen, so daß ein großer dünner Puffer entsteht (Seite 18/19). Bei mittlerer bis starker Hitze etwa 5 Minuten braten und, wenn der Rand braun wird, vorsichtig wenden. Nun die andere Seite fertig ausbacken.

**4**

Den Puffer auf einen großen Teller gleiten lassen und im Backofen (Gas Stufe 1–2) warm halten, am besten auf dem Rost. Nun die restlichen Puffer braten und warm halten. Sind alle fertig, je eine Hälfte dick mit Quark bedecken. Die andere Seite darüberschlagen und die Puffer sofort servieren.

**Tip:** Sie können auch kleine Puffer backen, einen mit Quark bestreichen, einen Puffer darauf legen und das Ganze als »Doppeldecker« servieren.

Bei 4 Personen pro Person etwa:
1940 kJ/510 kcal
18 g Eiweiß · 27 g Fett · 43 g Kohlenhydrate

# Gefüllte Puffer mit Schnittlauchquark

## So wird's gemacht

Kartoffelpuffer zubereiten

**1** Die Kartoffeln schälen, waschen und auf der Rohkostreibe (feine Raffel) oder mit der Küchenmaschine reiben.

**2** In einer Pfanne das Fett erhitzen. Am besten geeignet ist geschmacksneutrales, hocherhitzbares Fett (Pflanzenöl, Butterschmalz, Kokosfett). Je Puffer 1 ½ Eßlöffel Teig hineingeben. Mit dem Löffelrücken flachstreichen.

**3** Wenn der Teig nach 4–5 Minuten an den Rändern braun wird, die Puffer mit einem Pfannenwender umdrehen und die andere Seite braten.

Kartoffelstärke absetzen lassen

**1** Die geriebenen Kartoffeln in ein feines Sieb geben und die Flüssigkeit in eine Schüssel laufen lassen. Dabei mit einem Löffel auf die Kartoffeln drücken.

**2** Die Schüssel mit der Flüssigkeit eine Weile stehenlassen, bis sich die Kartoffelstärke am Boden abgesetzt hat.

**3** Die Flüssigkeit vorsichtig abgießen und die Kartoffelstärke zu den geriebenen Kartoffeln geben. Die Stärke sorgt für eine bessere Bindung des Teigs.

Kartoffelplätzchen vorbereiten

**1** Die geschälten und noch heißen Kartoffeln durch die Kartoffelpresse in eine Schüssel drücken.

**2** Die Kartoffelmasse ausbreiten, damit sie auskühlen kann, die anderen Zutaten dazugeben.

**3** Auf einer bemehlten Arbeitsfläche den Teig zu einer Rolle formen (Durchmesser etwa 6 cm). In 1½–2 cm dicke Scheiben schneiden und diese etwas flachdrücken.

1

1

1

2

3

2

3

2

3

# Kartoffelplätzchen

*Eine edle Beilage zu Braten, Geflügel- oder Wildgerichten. Mit Salat auch ein Hauptgericht.*

| |
|---|
| Zutaten für 2–4 Personen: |
| 500 g mehligkochende Kartoffeln · |
| Salz · 1 Eßl. Speisestärke · 2 Eigelb · |
| 1 Eßl. weiche Butter · 3 Eßl. süße |
| Sahne · Muskatnuß, frisch gerieben · |
| weißer Pfeffer, frisch gemahlen |
| Zum Braten: 2 Eßl. Öl und 2 Eßl. Butter |

- Zubereitungszeit: etwa 1 Stunde

**1**

Die Kartoffeln schälen, waschen und in Viertel schneiden. Knapp mit Wasser bedecken, salzen und in etwa 20 Minuten garen.

**2**

Das Kochwasser abgießen und die Kartoffeln im offenen Topf mehrmals schütteln und wieder auf den Herd stellen, bis sie abgedämpft und mehligtrocken sind.

**3**

Sofort die Kartoffeln durch die Kartoffelpresse in eine Schüssel drücken (Seite 18/19). Die Speisestärke darüber streuen, die Eigelbe, die Butter, die Sahne, etwas Muskat und Pfeffer dazugeben und alles vermengen.

**4**

Auf einer bemehlten Arbeitsfläche den Kartoffelteig zu einer Rolle formen und in etwa 2 cm dicke Scheiben schneiden (Seite 18/19).

**5**

Das Öl und die Butter in einer Pfanne heiß werden lassen, die Plätzchen hineingeben und auf jeder Seite bei starker Hitze in etwa 3 Minuten goldgelb braten.

**Tips:**
Besonders zart werden die Kartoffelplätzchen, wenn Sie das Eiweiß zu steifem Schnee schlagen und unter den Teig heben. Mischen Sie unter den Teig: grob gehackte Nüße oder frische Kräuter oder fein geschnittenen Schinken oder geraspelten Käse. Dann können die Plätzchen, mit Salat serviert, auch eine Hauptmahlzeit sein.

Bei 4 Personen pro Person etwa:
1080 kJ/310 kcal
4 g Eiweiß · 18 g Fett · 22 g Kohlenhydrate

# Kartoffelplätzchen

# Quarkkeulchen

*Eine beliebte und süße Variante aus Sachsen.*

| Zutaten für 4 Personen: |
|---|
| 1 kg vorwiegend festkochende Kartoffeln · 150 g Mehl · 1 Teel. Backpulver · 500 g Speisequark (Magerstufe) · 2 Eier · ½ Teel. Salz · Muskatnuß, frisch gerieben · ½ Teel. abgeriebene Schale einer unbehandelten Zitrone · 1 Päckchen Vanillezucker · 100 g Rosinen oder Korinthen |
| Für die Arbeitsfläche: Mehl |
| Zum Braten: 4 Eßl. Butterschmalz |
| Zum Bestreuen: Zucker und Zimt |

- Zubereitungszeit: etwa 50 Minuten

## 1

Die Kartoffeln waschen und knapp mit Wasser bedeckt etwa 20 Minuten kochen lassen. Abgießen und noch heiß pellen. Sofort durch die Kartoffelpresse in eine Schüssel drücken (Seite 18/19) und kühl stellen.

## 2

Das Mehl und das Backpulver über die abgekühlten Kartoffeln sieben. Den Quark durch ein Sieb dazustreichen.

## 3

Die Eier verquirlen und mit dem Salz, etwas Muskat, der Zitronenschale, dem Vanillezucker und den Rosinen zum Kartoffelteig geben. Alles gut (aber nicht zu lang) durcharbeiten und die Masse zu einem formbaren Teig verkneten. Dazu die Hände leicht mit Mehl bestäuben, damit der Teig nicht klebt.

## 4

Auf einer bemehlten Arbeitsfläche den Teig zu einer Rolle (Durchmesser etwa 6 cm) formen. In gleichmäßige, etwa 1 ½ cm dicke, runde Scheiben (Keulchen) schneiden und etwas flachdrücken (Seite 18/19).

## 5

2 Eßlöffel Butterschmalz in einer größeren Pfanne erhitzen und die Keulchen von jeder Seite bei mittelstarker Hitze in etwa 4 Minuten goldbraun braten.

## 6

Die Quarkkeulchen noch warm servieren und mit Zucker oder Zimtzucker bestreuen. Reichen Sie dazu noch ein Kompott aus frischen Früchten (Apfelmus, Birnen, Preiselbeeren, Aprikosen oder Sauerkirschen).

Pro Person etwa: 2530 kJ/605 kcal
30 g Eiweiß · 16 g Fett · 86 g Kohlenhydrate

# Quarkkeulchen

# Rösti

*Die klassische Beilage zum »Zürcher Geschnetzelten«.*

Zutaten für 2 Personen:
500 g vorwiegend festkochende Kartoffeln · ½ Teel. Salz · weißer Pfeffer, frisch gemahlen
Zum Braten: 3 Eßl. Butterschmalz (nach Belieben noch 1 Eßl. Butter)

- Kühlzeit: über Nacht
- Zubereitungszeit: etwa 1 Stunde

## 1

Am Vortag die Kartoffeln mit der Schale kochen, abgießen und noch heiß pellen. (Werden die Rösti am gleichen Tag zubereitet, müssen die Kartoffeln mindestens 4 Stunden auskühlen!)

## 2

Die Kartoffeln auf der groben Seite einer Rohkostreibe raspeln (Seite 34/35). Das Salz und etwas Pfeffer locker untermengen.

## 3

In einer mittelgroßen Pfanne 1 Eßlöffel Schmalz heiß werden lassen. Die Kartoffelmasse fingerdick in der Pfanne verteilen und mit einem Holzspatel mehrmals wenden. Wenn sie gut mit dem Fett vermengt ist, etwas zusammendrücken (Seite 34/35). Die Rösti zudecken und bei schwacher Hitze etwa 15 Minuten braten.

## 4

Haben die Rösti an der Unterseite eine schöne goldbraune Farbe, mit Hilfe eines Tellers wenden (Seite 34/35). Nochmals 1 Eßlöffel Fett (oder Butter) in die Pfanne geben und die Rösti (ohne Deckel) fertigbraten, bis auch die zweite Seite knusprig braun ist. Die Pfanne schräg halten und die Rösti auf den Teller schieben.
Die vielen kantonalen Zubereitungsarten der »Röschti« unterscheiden sich durch veränderte Zutaten: Mit Zwiebeln, mit Schinken, mit Speck, mit Bratenresten, mit Käse, mit Gemüse, mit Kräutern oder nur mit Knoblauch. Mit Salat serviert können sie auch eine eigenständige Mahlzeit sein.

Pro Person etwa: 1580 kJ/380 kcal
5 g Eiweiß · 24 g Fett · 40 g Kohlenhydrate

# Rösti

# Senner Rösti mit Speck und Käse

*In den ländlichen Gegenden der Schweiz gehört zu Rösti ein dampfender Milchkaffee.*

Zutaten für 2 Personen:
500 g Pellkartoffeln vom Vortag ·
1 Zwiebel · 30 g Griebenschmalz ·
1 Prise Salz · schwarzer Pfeffer, frisch gemahlen · ¼ Teel. Kümmel ·
2 dünne Scheiben durchwachsener Räucherspeck (etwa 50 g) · 2 dünne Scheiben Emmentaler (etwa 80 g) ·
1 Bund Schnittlauch · 2 Eier

- Zubereitungszeit: etwa 1 Stunde

## 1

Die Kartoffeln pellen und auf der groben Seite der Rohkostreibe in eine Schüssel raspeln (Seite 34/35). Die Zwiebel schälen, in kleine Würfel schneiden und hinzufügen. Das Griebenschmalz etwas erwärmen und untermengen. Mit dem Salz, etwas Pfeffer und dem Kümmel abschmecken.

## 2

Den Backofen auf 250° vorheizen.

## 3

Den Kartoffelteig in einer großen, beschichteten Pfanne verteilen und leicht andrücken (Seite 34/35). Die Rösti bei mittlerer Hitze etwa 10 Minuten braten. Ist die Unterseite knusprig und goldbraun, mit Hilfe eines Tellers wenden (Seite 34/35) und fertigbraten.

## 4

Den Speck 1–2mal und die Käsescheiben 3mal quer durchschneiden. Den Speck in einer kleinen Pfanne etwas anbraten. Die fertigen Rösti auf einen feuerfesten Teller schieben und mit den Käse- und Speckscheiben sternförmig belegen. Im Backofen (Gas Stufe 5; Mitte) etwa 4 Minuten überbacken.

## 5

Den Schnittlauch waschen, trockenschütteln und in Röllchen schneiden. Die Eier in die Speckpfanne schlagen und zu Spiegeleiern braten. Die überbackenen Rösti mit dem Schnittlauch bestreuen und die Eier dazu servieren. Dazu schmeckt ein frischer Feld- oder Endiviensalat.

Pro Person etwa: 3255 kJ/780 kcal
27 g Eiweiß · 56 g Fett · 41 g Kohlenhydrate

# Senner Rösti mit Speck und Käse

# Gemüse-Rösti

*Sie lassen sich, je nach Geschmack und Saison, beliebig abwandeln.*

Zutaten für 4 Personen:
400 g vorwiegend festkochende Kartoffeln · 100 g Lauch · 100 g Fenchel · 1 Möhre · 1 Knoblauchzehe · 150 g Zucchini · 1 großes Ei · 2 Eßl. saure Sahne · 1 Eßl. Mehl · Salz · weißer Pfeffer, frisch gemahlen
Zum Braten: je 4 Eßl. Öl und Butter

- Zubereitungszeit: etwa 1 ½ Stunden

## 1

Die Kartoffeln waschen, knapp mit Wasser bedecken und nur 10 Minuten kochen lassen. Abgießen und richtig auskühlen lassen.

## 2

Den Lauch putzen, eventuell längs einschneiden, die dunkelgrünen Enden großzügig abschneiden. Vom Fenchel eventuell die harten Außenblätter entfernen, das Fenchelgrün aufheben. Die Möhre und den Knoblauch schälen. Von dem Zucchino die Enden abschneiden. Das Gemüse unter fließendem Wasser abspülen (Seite 34/35).

## 3

Den Lauch in feine Ringe schneiden. Den Fenchel vierteln und in dünne Streifen schneiden (Seite 34/35). Den Knoblauch und das Fenchelgrün fein hacken. Die Kartoffeln pellen.

## 4

Die Möhre, den Zucchino und die Kartoffeln auf der groben Seite der Rohkostreibe in eine Schüssel raspeln (Seite 34/35). Den Lauch, den Fenchel, den Knoblauch, das Ei, die saure Sahne und das Mehl hinzufügen. Mit Salz und Pfeffer abschmecken und alles gut durcharbeiten.

## 5

In einer großen, beschichteten Pfanne 2 Eßlöffel Öl und 2 Eßlöffel Butter erhitzen. Jeweils 1 gehäuften Eßlöffel Gemüsemasse in die Pfanne setzen. Mit dem Löffelrücken flachstreichen und bei mittlerer bis starker Hitze von jeder Seite etwa 5 Minuten braten (Seite 34/35).

## 6

Die fertigen Rösti warm stellen und den restlichen Teig verarbeiten. Sie sind eine köstliche Beilage zu kurzgebratenem Fleisch. Oder servieren Sie sie mit einer Kräuter-Joghurt-Sauce und frischem Salat als Hauptmahlzeit.

Pro Person etwa: 1035 kJ/250 kcal
4 g Eiweiß · 23 g Fett · 6 g Kohlenhydrate

# Gemüse-Rösti

# Rösti mit Pilzen und Kräutern

*Sie können die Zuchtpilze auch durch frische Waldpilze ersetzen.*

Zutaten für 2–3 Personen:
400 g vorwiegend festkochende Kartoffeln · ½ Teel. Kümmel · 1 kleine Zwiebel · 50 g durchwachsener Speck · ½ Bund Petersilie · ½ Bund Schnittlauch · 2 Stengel frischer Thymian (oder ¼ Teel. getrockneter) · 150 g Austernpilze · 100 g Champignons · 2 Eßl. Zitronensaft · 3 Eßl. Butter · schwarzer Pfeffer, frisch gemahlen · 1 Messerspitze Cayennepfeffer · Salz · 2 Eigelb · 2 Eßl. Öl · 1 Kästchen Gartenkresse

- Kühlzeit: über Nacht
- Zubereitungszeit: etwa 1 ½ Stunden

**1**

Am Vortag die Kartoffeln waschen, knapp mit Wasser bedecken und den Kümmel hinzufügen. Etwa 20 Minuten kochen lassen, abgießen und noch heiß pellen, dann abkühlen lassen.

**2**

Die Zwiebel schälen, klein würfeln, ebenso den Speck. Die Petersilie und den Schnittlauch waschen, trockenschütteln und kleinschneiden. Vom Thymian die Blättchen abzupfen. Die Kartoffeln reiben (Seite 34/35).

**3**

Die Pilze putzen und mit einem feuchten Tuch abreiben. Die Austernpilze von den zähen Stielen befreien, in dünne Streifen schneiden und mit dem Zitronensaft beträufeln. Die Champignons auf der groben Seite der Rohkostreibe raspeln (Seite 34/35).

**4**

In einer Pfanne 1 Eßlöffel Butter zerlassen und die Speck- und die Zwiebelwürfel anbraten. Die Pilze dazugeben, mit Pfeffer würzen und bei starker Hitze 4 Minuten durchbraten. Die Petersilie darüber streuen und durchschwenken.

**5**

Die Pilze zu den Kartoffeln geben. Mit dem Schnittlauch, dem Thymian, dem Cayennepfeffer und etwas Salz würzen. Die Eigelbe dazugeben und alles gut vermengen.

**6**

In einer großen Pfanne das Öl mit der restlichen Butter erhitzen. Den Kartoffelteig darin verteilen und leicht andrücken. Zugedeckt bei schwacher Hitze etwa 10 Minuten braten (Seite 34/35). Ist die Unterseite goldbraun, die Rösti wenden (Seite 34/35) und 6–8 Minuten ohne Deckel braten. Die Kresse abschneiden, in einem Sieb abspülen und die fertigen Rösti damit bestreuen.

Bei 3 Personen pro Person etwa:
1425 kJ/340 kcal
7 g Eiweiß · 33 g Fett · 5 g Kohlenhydrate

# Rösti mit Pilzen und Kräutern

# Rösti mit pikanter Wurst

*Mit Tomaten- und Gurkensalat serviert, sind sie ein deftiger Sattmacher!*

Zutaten für 2–3 Personen:
400 g vorwiegend festkochende Kartoffeln · ½ Teel. Kümmel · 1 grüne Paprikaschote (etwa 200 g) · 1 Zwiebel · 200 g Knoblauchwurst (Cabanossi) · schwarzer Pfeffer, frisch gemahlen · 1 Prise Cayennepfeffer · Salz · je ½ Teel. getrockneter Rosmarin und Majoran · 2 Eier · 1 Bund Schnittlauch
Zum Braten: 30 g Butterschmalz

- Kühlzeit: mindestens 4 Stunden
- Zubereitungszeit: etwa 1 ½ Stunden

## 1

Die Kartoffeln waschen. Knapp mit Wasser bedecken, den Kümmel dazugeben und sprudelnd etwa 15 Minuten kochen lassen. Das Kochwasser abgießen, die Kartoffeln noch heiß pellen und einige Stunden kühl stellen.

## 2

Die Paprikaschote halbieren, vom Stielansatz, den Kernen und Rippen befreien und abspülen. Die Zwiebel schälen. Die Paprika und die Zwiebel in kleine Würfel, die Wurst in große Würfel schneiden. Die Kartoffeln auf der groben Seite der Rohkostreibe raspeln (Seite 34/35).

## 3

In einer möglichst großen Pfanne das Butterschmalz erhitzen. Die Wurst leicht anbraten, dann die Paprika- und die Zwiebelwürfel hinzufügen. Kurz durchbraten lassen und dann die Kartoffeln dazugeben. Mit Pfeffer, dem Cayennepfeffer, Salz, den etwas kleingehackten Rosmarinnadeln und dem Majoran würzen. Alles mehrmals durchschwenken und bei mittlerer Hitze etwa 10 Minuten braten.

## 4

Wenn die Kartoffeln eine braune Kruste bekommen haben, mit dem Pfannenwender fest zusammendrücken und mit Hilfe eines Tellers wenden (Seite 34/35). Die Rösti fertigbraten.

## 5

In einer kleinen Schüssel die Eier mit 1 Eßlöffel Wasser verquirlen. Den Schnittlauch waschen, trockenschütteln, in Röllchen schneiden und zum Ei rühren. Die Eimasse über die fertigen Rösti geben und zugedeckt bei mittlerer Hitze in etwa 3 Minuten stocken lassen. Die Rösti teilen und auf vorgewärmte Teller geben.

Bei 3 Personen pro Person etwa:
1720 kJ/410 kcal
11 g Eiweiß · 37 g Fett · 6 g Kohlenhydrate

# Rösti mit pikanter Wurst

## So wird's gemacht

Rösti zubereiten

1 Die gekochten und geschälten Kartoffeln auf der groben Seite der Rohkostreibe oder mit der Küchenmaschine raspeln.

2 Die Röstimasse in der Pfanne mit einem Pfannenwender mehrmals im Fett wenden und dann zusammendrücken. Am besten geeignet ist eine beschichtete Pfanne.

3 Ist die Unterseite knusprig goldbraun und löst sich gut von der Pfanne, die Rösti auf einen Teller schieben. Einen zweiten Teller darauf legen und die Rösti wenden. Dann zurück in die Pfanne gleiten lassen.

Gemüse-Rösti vorbereiten

1 Den Lauch, den Fenchel, die Möhre und den Zucchino putzen. Den Lauch längs einschneiden, den Fenchel halbieren. Alles unter fließendem Wasser abspülen.

2 Den Lauch in feine Ringe und den Fenchel in dünne Streifen schneiden. Die Möhre und den Zucchino auf der groben Seite der Rohkostreibe raspeln.

3 Von der Gemüsemasse jeweils 1 gehäuften Eßlöffel voll in die Pfanne setzen und flachstreichen.

Pilze vorbereiten

1 Die Pilze mit einem feuchten Tuch abreiben.

2 Von den Austernpilzen die harten, zähen Stiele abschneiden. Die Hüte in dünne Streifen schneiden.

3 Die Champignons auf der groben Seite der Rohkostreibe raspeln.

1

1

1